Jetzt bestimme ich mein Leben selbst!

SHT - Mentaltraining

Das

„TREULOSE TOMATE"

– Prinzip

2. Auflage

(Vielen Dank an Sven)

Rüdiger F.-J. K. Eck

ISBN: 9783842340763

Herstellung und Verlag:

Books on Demand GmbH, Norderstedt
2011

2. Auflage März 2011

Inhalt

Der Autor

Rüdiger F.-J.K. Eck ist erfolgreicher Sport-Mentaltrainer, Psychologischer Coach und Privat-Dozent für mentale Sport- und Trainingsmethoden, Entwickler des *SHT*-Mentaltrainings und Ausbilder für Sport-Mentaltraining und Sport-Hypnose. Autor und Experte zahlreicher Fachpublikationen, Ratgeber sowie Internetportale zum Thema Mentaltraining oder Sport-Hypnose.

In Heidelberg betreibt er eine Psychologische Privatpraxis. Die Klienten sind sowohl Schüler, Studenten, Familien mit unterschiedlichen Problemstellungen, als auch Sportler mit mentalen Aufgabenstellungen aus der Kreisliga bis hin zum Nationalkader und Olympiasieger.

Aber auch Manager aus dem mittleren und gehobenen Management der Industrie profitieren von seinem Coaching.

Sein Seminarangebot ist vielschichtig. Von allgemein persönlichkeits-bildenden Themen, Businesscoaching, Fortbildungen in Hypnose, Mentaltrainings für Trainer, bis hin zu Gewaltprävention und Anti-Aggressionstraining bei Kindern und Jugendlichen.

VORWORT

Dieses Buch soll dir helfen dein Leben selbst in den Griff zu bekommen. Lerne, selbst zu bestimmen wie die jeweilige Situation, die kommende Stunde, der Tag, die Woche, der Monat, das Jahr, die kommenden Jahre verlaufen werden.

Natürlich funktioniert das nicht so, indem wir uns wünschen Millionär zu werden, oder einfach nur glücklich zu sein. Davon träumen viele. Es geht vielmehr darum die Dinge selbstkritisch und bewusst anzugehen - eigene Sichtweisen zu verändern.

Wer sich an die Vorgaben dieses Buches hält wird sehr schnell neue Lebensqualität erhalten und spüren, wie sich der Alltag von zunehmend unkomplizierter und entspannter gestaltet – vielleicht sogar Ja das ganze Leben positiver, das Familienleben ausgeglichener, die Ausbildung und Karriere dynamischer und fundierter verläuft.

Dieses Buch ist „Patricia" gewidmet, die mir letztendlich durch ihr Verhalten den Anstoß für das „Treulose Tomate" - Prinzip gegeben hat. Inzwischen ist dieses Prinzip ein fester Bestandteil eines professionellen Mentaltrainings, welches ich unter anderem auch mit Managern, Spitzensportlern und Olympiasiegern erfolgreich anwende. Wir alle können Patricia für Ihre „Anregung" nur dankbar sein. ☺

„Du treulose Tomate"

Ursprünglich eine Redewendung, die häufig dann zum Einsatz kommt, wenn jemand das Gefühl hat, dass zum Beispiel ein Freund sich zu wenig blicken lässt und wenn man ihm zum Ausdruck bringen will, dass er sich viel früher oder öfter hätte melden können!

Genau das ist mir vor vielen Jahren selbst des öfteren widerfahren. In dieser Zeit war ich oft über Wochen und Monate weltweit beruflich unterwegs. Was zwangsläufig dazu führte, dass ich meinen Freundes- und Bekanntenkreis „vernachlässigen" musste.

Wenn ich dann zum Beispiel in Los Angeles war und wusste, dass ich in der darauffolgenden Woche wieder in Deutschland sein werde und Lust hatte mich dann mal wieder mit Freunden zu treffen, habe ich oft schon aus den USA angerufen um ein Treffen auszumachen.

Und so rief ich auch die zuvor schon erwähnte Patricia an.

Ich: „Hallo ich bin`s" - Ich konnte meinen Satz gar nicht zu Ende sprechen, da tönte es auch schon in der Leitung: Patricia: „Ach nee, die treulose Tomate ist dran". - Und was tun wir in einem solchen Moment? Wir entschuldigen und erklären uns, warum dies und jenes nicht ging und keine Zeit vorher war um früher anrufen zu können. Und was bekommen wir postum zur Antwort? <u>Patricia:</u> „Du hättest dich ja trotzdem mal melden können!" Wieder erklären wir uns und die Laune sinkt nahezu auf null.

Nach einem solchen Gespräch ist die ganze Vorfreude auf ein Wiedersehn ziemlich schnell im Keller und wir fragen uns, warum wir überhaupt angerufen haben.

Was ist aber eigentlich wirklich passiert?

1.) Wir haben uns von einer *positiven* Stimmung
   in eine *negative* Stimmung bringen lassen –
   sprich: Jemand „drückt einen Knopf", und
   wir reagieren.

2.) Wir achten und reagieren auf die
   „Verpackung" und nicht auf den „Inhalt" der
   Botschaft. So fühlen wir uns angegriffen
   nehmen eine Art Verteidigungshaltung ein.

3.) Eigentlich will Patricia damit ja ausdrücken,
   dass sie gerne viel öfter Kontakt haben
   möchte und es traurig findet, dass man sich
   so selten sieht!

Die Geburt des
„TREULOSE TOMATE" – Prinzips

Es ist also in erster Linie die eigene Sichtweise, die aus einer unüberlegten Bemerkung ein schlechtes Gefühl vermittelt. Genau dieses schlechte Gefühl wollte ich nunmehr nicht mehr haben, und so beschloss ich, in Zukunft immer **mein Vorhaben** in den Vordergrund zu stellen und auch durchzusetzen!

So erfolgt das gleiche Telefonat nun genau so, wie ich es haben möchte, obwohl die andere Seite zuerst genauso reagiert wie in im vorigen Gespräch:

Ich: „Hallo ich bin`s."
Patricia: „Ach nee, die treulose Tomate ist dran."
Ich: „Wie geht dir es denn?"
Patricia: Du hättest dich ruhig mal melden können."
Ich: „Siehst du – genau deswegen ruf ich jetzt an. Hättest du nächste Woche Zeit?"

Egal was Patricia in diesem Moment auch sagen mag. Ich bleibe unbeirrt in meiner Stimmung und gehe schnurgerade auf mein Ziel zu. Patricia hat keine Chance mehr, sie muss sich meinem Stil anpassen wenn sie mit mir kommunizieren will.

Von jenem Zeitpunkt an hat Patricia nicht mehr mit den Standardsprüchen reagiert, sondern auch von sich aus gleich offen und ehrlich ihre Freude gezeigt, wenn ich zukünftig angerufen habe.

Es funktioniert also

Und es funktioniert nicht nur, es macht auch einen höllischen Spaß wenn man feststellt, dass man damit auch das Verhalten seines ganzen Umfeldes prägen, ja sogar -im positiven Sinne- manipulieren kann.

Das Beispiel des Telefonates mit Patricia zeigt, wie einfach und schnell man eine augenscheinlich negative Stimmung oder Situation in eine positive und konstruktive verwandeln kann.

Dieses Prinzip ist daher durch seine einfache Struktur auch in vielen weiteren Lebenssituationen anwendbar.

Die Technik des „Treulose Tomate"- Prinzips

Worum geht es dabei im Wesentlichen?

Es geht darum, sich nicht von seinem Vorhaben, gewissermaßen der Roten Linie abbringen zu lassen, sondern ganz egoistisch daran festzuhalten ohne dass dieses Vorhaben als Gegenwehr oder Egoismus von Dritten wahrgenommen wird.

Geht nicht?

Doch – Es ist in erster Linie eine Frage der Sichtweise und im zweiten Schritt die Kunst des „geschwungenen Wortes" ☺ . Wir achten in den meisten Situationen mehr auf das, „wie etwas gesagt oder präsentiert wird" („Verpackung"- siehe Abbildung 2.a), als auf die eigentliche damit transportierte Information (siehe Abbildung 2.b).

Beispiel: „Komme morgen bitte nicht **wieder** zu spät!" - Unser Fokus liegt in den meisten Fällen bei dem „herausgehörten Vorwurf: **wieder** – sprich: Man unterstellt uns quasi, **immer zu spät** zu kommen und sind reagieren beleidigt oder rechtfertigend.

Also wehren wir uns und diskutieren über den vermeidlichen Vorwurf, anstatt uns auf die eigentliche Information zu beschränken: „Morgen ist es wichtig, pünktlich zu sein!"

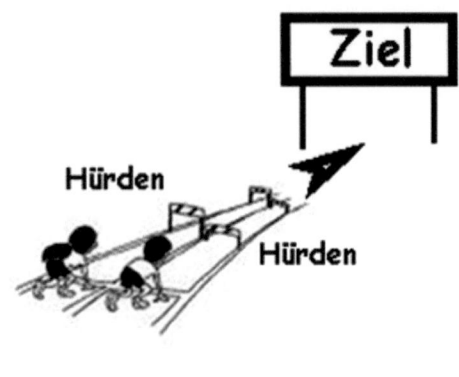

(Abbildung 1)

Es tauchen im Leben ständig Hürden auf (Abbildung 1), die unser Vorhaben behindern oder boykottieren wollen. Wir entscheiden immer selbst, ob wir diese Hürden als unüberwindbare Grenzen, oder einfach nur als Störung, die wir überlaufen oder umgehen, können sehen.

Bisheriger „typischer" Verlauf

Der Fokus liegt auf der **VERPACKUNG** – sprich:

Ausgesprochene, zusätzliche Bewertungen, Unterstellungen, Vermutungen, Vorwürfe, Beleidigungen, etc. oder/und körperliche Gesten, wie aggressive Körperhaltung, drohende Gebärden oder abfälliger Gesichtsausdruck.

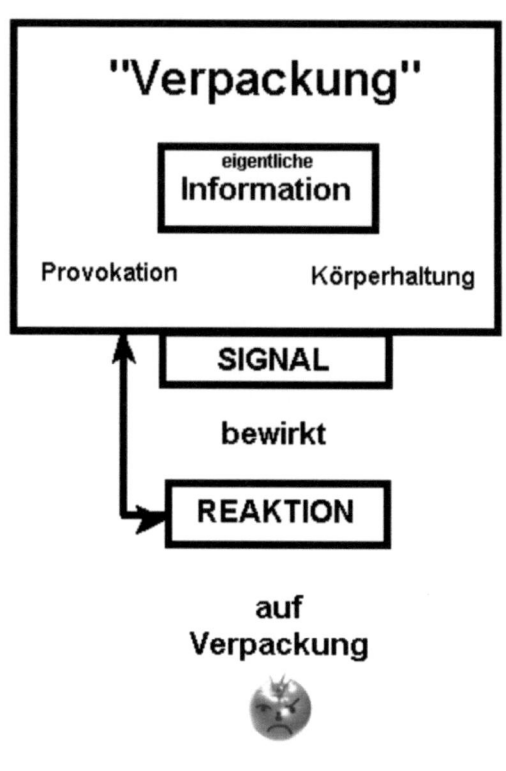

(Abbildung 2.a)

Nachteil:

Ewige Diskussionen, Eröffnung weiterer „Kriegsschauplätze", negatives Gefühl, meist kein Ergebnis. In der Summe also absolut unbefriedigend.

Zukünftiger Verlauf

Der Fokus liegt auf der eigentlich transportierten **INFORMATION** – sprich:

Egal, ob es in der **VERPACKUNG** irgendwie geartete Bewertungen gibt, konzentrieren wir uns jetzt ausschließlich auf die wesentliche **INFORMATION** und reflektieren ausschließlich nur diese.

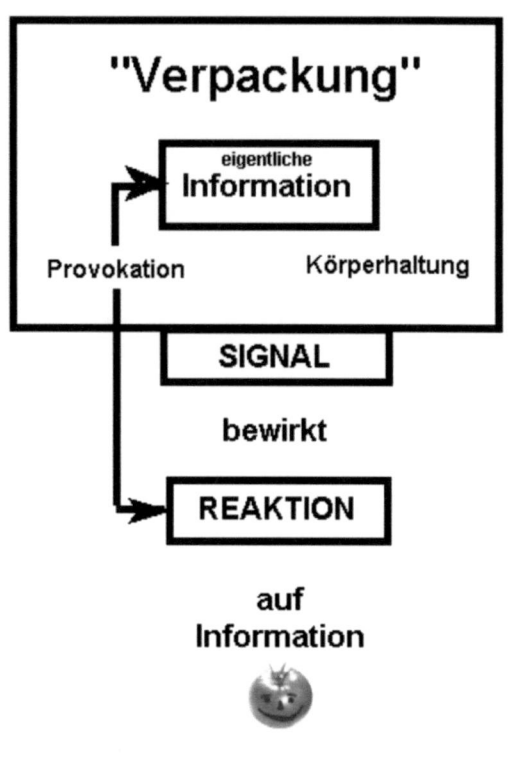

(Abbildung 2.b)

Vorteil:

Keine unnötig demotivierende Diskussionen, keine weiteren „Kriegsschauplätze", ein gutes Gefühl, schnelle Umsetzung, zügiges Ergebnis und in der Summe absolut befriedigend. ☺

Die lieben Nachbarn

Nehmen wir folgendes Beispiel an: Herr Sonnenschein wohnt in einem dreistöckigen Mietshaus mit vier Mietparteien. Seine Wohnung ist im vierten Stock. Erschweren wir noch die Ausgangssituation mit der Tatsache, dass jeder der anderen Mieter eine für Herrn Sonnenschein nervende Angewohnheit hat und er somit permanent unter Stress steht, wenn er zum Beispiel morgens das Haus verlassen will.

Herr Mayer im Stockwerk unter Herrn Sonnenscheins Wohnung ist extrem geräuschempfindlich, Frau Schmitt im ersten Obergeschoss hat einen ausgeprägten Putzfimmel, und das Hausmeister-Ehepaar Müller nimmt seine Aufgaben im Haus 150%-ig wahr. Es gibt also naturgemäß jede Menge „Konfliktherde", die Herrn Sonnenschein das Leben erschweren könnten.

Durchleben wir doch mal einen solchen „Schreckens-Morgen" in diesem doch ehrenwerten Haus:

Herr Sonnenschein verlässt morgens gut gelaunt seine Wohnung, um zur Arbeit zu gehen. Kaum hat er seine Wohnungstür zugezogen und schreitet die Treppe nach unten, hört er schon das Öffnen einer weiteren Wohnungstür. Und richtig – Herr Mayer stellt sich Herrn Sonnenschein mit erhobenem drohenden Zeigefinger in den Weg: „Herr Sonnenschein, so geht das nicht mehr weiter. Ihre Musik raubt mir noch den letzten Nerv – ich werde mich beim Hausbesitzer über Sie beschweren!"

Oft steigern wir uns in einer solchen Situation richtig rein und kontern wie Herr Sonnenschein: „Stimmt ja gar nicht, ich höre meine Musik in normaler Zimmerlautstärke und nie nach zehn Uhr abends!" „Von wegen", kontert Mayer. - Allein diese Situation kann locker fünfzehn Minuten Zeitverlust und Frust bedeuten.

Kaum aus den Klauen des Herrn Mayers befreit, erwartet ihn schon Frau Schmitt: „Herr Sonnenschein – sie hatten letzte Woche Putzdienst im Treppenhaus - und nichts ist passiert. Es war schon so dreckig, dass ich mal wieder alles putzen musste.

Jedes Mal muss ich alles ausbaden weil Sie sich nicht darum kümmern!" „OK- letzte Woche hat ich viel zu tun, aber sonst mache ich es doch immer!", entgegnet der schon genervte Sonnenschein. „Nein – das ist jetzt schon zig mal passiert" , entgegnet Frau Schmitt schon sehr verärgert.

Auch diese Situation steigert sich schnell zu fünf bis fünfzehn Minuten Zeitverlust und noch mehr Frust. Endlich im Erdgeschoß angekommen und die Türklinke der Haustür in der Hand, kommt Hausmeister Müller entgegen und moniert: „Herr Sonnenschein – wie oft muss ich Ihnen noch sagen, dass montags die Mülltonnen für die Müllabfuhr am nächsten Morgen rausgestellt und dienstags wieder reingestellt gehören! Ständig stehen Ihre Tonnen auf dem Gehweg rum und ich muss sie dann wieder rein räumen – so geht das nicht – auch Sie haben sich an die Hausordnung zu halten!"

Entweder ist Herr Sonnenschein völlig genervt und gar nicht mehr in der Lage zu antworten, oder spätestens jetzt explodiert er…

Von einem gut gelaunten Tagesbeginn kann man hier sicherlich nicht mehr sprechen.

Was ist eigentlich genau passiert – wie konnte es dazu kommen?

Herr Sonnenschein hat sich von seiner „Roten Linie" abbringen und auf die „negative Linie" seiner Nachbarn bringen lassen. Die Nachbarn haben quasi „Knöpfe gedrückt", und Herr Sonnenschein hat wie programmiert reagiert.

Wie hätte Herr Sonnenschein das verhindern können?

Wir erinnern uns – Herr Sonnenschein hat gut gelaunt seine Wohnung verlassen. Er hat sich dazu entschlossen, an diesem Tag gute Laune zu haben (seine „Rote Linie") . In Zukunft wird sich Herr Sonnenschein ganz konsequent an sein Vorhaben (gut gelaunt zu sein) halten, auch wenn andere irgendwelche „Knöpfe drücken". Drehen wir also die Zeit zurück und lassen Herrn Sonnenschein am gleichen Morgen gut gelaunt seine Wohnung verlassen.

So läuft`s auch mit dem Nachbarn

Kaum hat Herr Sonnenschein seine Wohnungstür zugezogen und schreitet die Treppe nach unten, hört er schon das Öffnen einer weiteren Wohnungstür. Und richtig – Herr Mayer stellt sich ihm mit erhobenem Zeigefinger in den Weg: „Herr Sonnenschein so geht das nicht mehr weiter. Ihre Musik raubt mir noch den letzten Nerv – ich werde mich beim Hausbesitzer über Sie beschweren!"

„Guten Morgen, Herr Mayer – das verstehe ich und wünsche Ihnen, dass Sie heute einen guten Tag ohne Lärmbelästigung haben." , entgegnet ihm im Vorbeigehen Herr Sonnenschein mit einem Lächeln auf den Lippen.

Kaum aus den Klauen des Herrn Mayers befreit, erwartet ihn schon Frau Schmitt: „Herr Sonnenschein – Sie hatten letzte Woche Putzdienst im Treppenhaus, und nichts ist passiert. Es war schon so dreckig, dass ich mal wieder alles putzen musste. Jedes Mal muss ich alles ausbaden, weil Sie sich nicht darum kümmern!"

„Guten Morgen, Frau Schmitt – ganz ehrlich, wenn ich Sie nicht hätte. Sie sind halt der gute Geist hier im Haus. Wie kann ich das nur wieder gut machen?", entgegnet ihr Herr Sonnenschein im Vorbeigehen mit einem Lächeln auf den Lippen.

Zügig im Erdgeschoß angekommen und die Türklinke der Haustür in der Hand, kommt Hausmeister Müller entgegen und moniert: „Herr Sonnenschein – wie oft muss ich Ihnen noch sagen, dass Montags die Mülltonnen für die Müllabfuhr am nächsten Morgen rausgestellt und Dienstags wieder reingestellt werden müssen! Ständig stehen Ihre Tonnen auf dem Gehweg rum und ich muss sie dann wieder rein räumen – so geht das nicht – auch Sie haben sich an die Hausordnung zu halten!"

„Da haben Sie vollkommen recht – irgendwie kann ich mir das nicht merken. Ich bin gerne bereit, Ihre Unterstützung zu honorieren, wäre das OK für Sie? Denken Sie doch mal darüber nach und lassen es mich die Tage wissen.", entgegnet ihm im Vorbeigehen Herr Sonnenschein mit einem Lächeln auf den Lippen und verlässt nach wie vor gut gelaunt das Haus und geht zur Arbeit.

Jetzt ist der Tag von Herrn Sonnenschein richtig positiv verlaufen. Und das obwohl die gleichen Signale der Nachbarn auf ihn eingewirkt haben. Herr Sonnenschein hat sich aber weder von körperlichen Gesten (erhobener und drohender Zeigefinger) noch von verbalen Angriffen („So geht das nicht – auch Sie haben sich an die Hausordnung zu halten!") weder von seiner „Roten Linie" abbringen noch irritieren lassen.

Im Gegenteil: Ihm geht es gut und den Nachbarn hat er ein Verhaltensmuster vorgeführt, das auch für sie selbst angenehmer war.

Hält Herr Sonnenschein seine Taktik durch, so wird es nicht nur ihm selber besser gehen, sondern auch die Nachbarn werden sich (zumindest Herrn Sonnenschein gegenüber) Schritt für Schritt genauso, oder annähernd so verhalten.

Das schlechte Gewissen

Vielen von uns ist das schon passiert: Es klingelt das Telefon und es meldet sich eine Person, der wir zum Beispiel irgendetwas versprochen und es aber noch nicht eingehalten haben. Sofort kommt das „schlechte Gewissen" hoch, und wir starten einen wahren Wasserfall von Gründen und Themen, damit wir irgendwie aus dieser „Nummer" herauskommen. Dabei merken wir gar nicht, dass wir dabei viel zu viel erzählen, meist auch das, was unser Gegenüber gar nicht wusste oder erwartete.

Diese Person hat also nur durch seine „Anwesenheit" (Telefon) einen **Knopf gedrückt** und wir reden uns um Kopf und Kragen.

Eigentlich wollte diese Person uns in einer ganz anderen Sache sprechen und wir haben sie erst durch unser Verhalten wieder auf „die Spur" gebracht – sprich: ein altes „Problem" wieder aufgefrischt.

Ständig werden also in allen Lebenslagen **Knöpfe gedrückt** durch die wir uns von unserer **„roten Linie"** abbringen lassen.

Halten wir uns aber generell an das **„Treulose Tomate" – Prinzip**, wird uns im Leben wenig aus der Bahn werfen können.

Richtig wäre daher gewesen, erst einmal abzuwarten, was die Person eigentlich von uns will. Geht es dann tatsächlich um das „peinliche Thema" können wir immer noch reagieren. Und auch dann gilt das **„Treulose Tomate" – Prinzip**, wenn wir uns bei der Beantwortung der Nachfrage oder Vorwurf darauf achten, welches Ergebnis und welche weiterführende Beziehung wir zu dieser Person haben wollen.

Wenn wir uns davon lenken lassen, werden wir auch die Worte finden, welche dann unweigerlich zum richtigen Ergebnis führen.

<u>Beispiel:</u> „Du hast vollkommen Recht – ich habe das total verschludert – das hätte so nicht laufen dürfen … wie wollen wir es jetzt machen, was schlägst du vor?" Anschließend wieder auf banale andere Themen kommen um das Telefonat für beide mit einem guten Gefühl abzuschließen.

Die Arroganz für andere zu sprechen

Wie arrogant und selbstherrlich müssen wir sein, wenn wir uns anmaßen zu wissen, wie der andere auf diese und jene Situation reagiert, sich entscheiden wird, etc.? Dabei verschenken wir uns immens viele positive Chancen.

Hier gilt der alte Grundsatz: Wenn ich nachfrage, habe ich eine 50%-tige Wahrscheinlichkeit einer Zustimmung, Zusage, positiven Reaktion auf mein Anliegen. Frage ich nicht, sondern setze die Reaktion schon negativ voraus, habe ich ein 100%-iges Negativ-Ergebnis.

Mehr wie NEIN sagen kann niemand – wenn ich es also nicht probiere, habe ich ein 100%-tiges NEIN.

Beispiel: Ich will zum Beispiel gerne mit jemanden auf irgendeine Veranstaltung gehen. Bisher haben wir immer darüber nachgedacht, wer denn dazu Lust haben könnte. Dabei werden aber schon oft weit über 70% aller Menschen, die wir kennen als „nicht geeignet" aussortiert. Sprich: „Der/die hat bestimmt keine Lust dazu!"

Legt man aber dabei das „**Treulose Tomate**" – **Prinzip** zugrunde, würde man ausschließlich darüber nachdenken, mit wem man zum Beispiel gerne auf diese Veranstaltung gehen würde. Wer einem also angenehm wäre. Dabei kommt schon eine ganz andere Anzahl von Personen in Betracht. Jetzt gehen wir einfach davon aus, dass diese Veranstaltung eine gute Idee ist, die man gerne mit seinen Lieben teilen würde. Und genauso verläuft dann auch die Ansprache an diese Personen:

„Du ich will auf die Soundso-Veranstaltung gehen und habe dabei sofort an dich gedacht. Wäre richtig schön wenn du dabei wärest. Ich würde mich wirklich freuen!"

Wir überlassen also den jeweiligen Personen die Wahl für eine Zu- oder Absage.

In jedem Fall haben wir dadurch pro angesprochene Person eine 50%-ige Chance einer Zusage und somit eine hohe Erfolgsquote.

Die Geschichte mit dem Hammer

Herr Friedemann will ein Bild aufhängen und stellt fest, dass er keinen passenden Hammer dazu hat. Der nächste Baumarkt ist sehr weit, es ist zudem Wochenende und bis er ihn erreichen könnte, wäre er geschlossen.

So beschließt er, darüber nachzudenken, welcher Nachbar ihm mit dem Hammer weiterhelfen könnte.

Als einziger fällt ihm Herr Schmoltke ein, den er für einen egoistischen und streitsüchtigen Mann hält.

Sofort kommen ihm die Gedanken: „Der wird mir nie seinen Hammer leihen. Und wenn, dann wird er es an eine Bedingung knüpfen…" Herr Friedemann steigert sich dermaßen in diese Vorstellung hinein, dass er extrem wütend wird. So wütend, dass er ohne weiter zu überlegen wutentbrannt an der Tür von Herrn Schmoltke Sturm klingelt.

Herr Schmoltke öffnet nichtsahnend die Tür, und ehe er sich versieht, schreit ihn Herr Friedemann mit hochrotem Gesicht an:

„Behalten Sie doch Ihren scheiß Hammer und stecken Sie ihn sich sonst wohin…"

Sagt es, dreht sich wortlos um und lässt den total verblüfften Herrn Schmoltke in der Tür stehen.

Was ist genau passiert?

Nun - Herr Friedemann hat sich solange negativ „programmiert", bis seine Erwartungshaltung sich in eine „Realität" verwandelt hat. Diese gefühlte „Realität" hat ihn so wütend werden lassen, dass er auf diese „Realität" postum regiert hat. Herr Friedemanns Wutausbruch vor der Tür des Herrn Schmoltke war also eine Reaktion auf eine selbst konstruierte „Realität", die der realen „Realität" keine Chance gegeben hat.

Auch wenn Herr Friedemann Herrn Schmoltke nicht ausstehen könnte, so wäre der einzige Weg zum Hammer über eine „freundliche Anfrage" bei Herrn Schmoltke von Erfolg gekrönt gewesen.

Immerhin wären dabei die Erfolgschancen den Hammer zu bekommen 50:50 gewesen. Durch die vorweggenommene selbst konstruierte „Realität" hatte Herr Friedemann eine 100%-ige Misserfolgs-Garantie.

Auch hier greift das „Treulose Tomate"-Prinzip, denn auch hier gilt nicht auf die „Verpackung" (negative Sichtweise auf den Nachbarn), sondern auf den Inhalt („Ich brauche einen Hammer") zu achten.

Ein altes Sprichwort sagt:

„Wer Angst vor der bevorstehenden Hölle hat und sich vor Angst in die Hose macht, muss trotzdem durch die Hölle gehen, nur mit dem Unterschied, dass er es dann mit einer verschissenen Hose tun muss!"

Wenn wir an einem Thema oder einer Aufgabe nicht drum herum kommen, macht es also keinen Sinn, sich viele negative Gedanken, oder „vorweggenommene selbst produzierte „Realitäten" zu machen und alles vor sich herzuschieben. Alles „Verdrängte" holt uns eh wieder ein. Nur dann meist unter schwierigeren Bedingungen wie vorher, wenn wir uns gleich darum gekümmert hätten.

Die Kunst andere zu verstehen

Insbesondere dann, wenn wir zum Beispiel einem Geschäftspartner oder Kunden etwas „verkaufen" wollen und dieser aus Prinzip auf „stur" schaltet, brechen wir das Eis am besten und erfolgreichsten, wenn wir ihn „verstehen können", sprich: ihm in allem grundsätzlich erst einmal recht geben.

Damit rechnen die meisten überhaupt nicht, und ihre abwehrende und verbissene Haltung löst sich mehr und mehr. Jetzt ist mein Gegenüber erst wirklich offen meine Argumente entkrampfter wahrzunehmen und zu bewerten.

Beispiel:

Eine der schwierigsten Aufgaben im Vertrieb ist die sogenannte „Kaltakquise". Sprich – ich muss mit einer mir bisher fremden Person ein Gesprächstermin vereinbaren oder sogar direkt am Telefon ein Produkt verkaufen. Dies wird meist von professionellen Callagents durchgeführt.

Doch selbst diese müssen sich immer wieder für jedes neue Telefonat überwinden, weil sie es meist mit Menschen zu tun haben, die sich am Telefon genervt fühlen und aggressiv reagieren.

Für viele Callagents hat die „Kaltakquise" immer noch was „Dämonisches", vor dem es ihnen immer wieder graust. Der Führungs- und Verkaufsexperte Dr. Christian Altmann beschrieb dies mal so: „Viele Telefonverkäufer stellen sich lieber 30 Minuten unter eine eiskalte Dusche, als 3 Minuten kalt zu akquirieren!"

Wie also schaffen sie es dann mehrere Stunden am Tag die Telefon-Akquise nicht nur zu überstehen, sondern auch erfolgreich durchzuführen?

Mit der richtigen Sichtweise und unter Zuhilfenahme der sogenannten „Einwandsbehandlung" geht das sehr erfolgreich. Auch hier greift das „Treulose Tomate-Prinzip", denn auch hier gilt nicht auf die „Verpackung" (aggressive Reaktion des Telefonkunden), sondern auf den Inhalt (Wie kann ich seinen Einwand zu meinem Verkaufsargument umwandeln?) zu achten.

Beispiel:

Ich möchte über die telefonische Kaltakquise mit möglichst vielen neuen Kunden einen persönlichen Termin vereinbaren um ihnen mein Produkt näher zu bringen.

Dazu ist es wichtig folgende Regeln einzuhalten:

1. Schaffe von Anfang an eine gute Atmosphäre!
2. Achte auf die eigentliche Information des Kunden!
3. Lasse dich nicht von der „Verpackung" provozieren!
4. Nimm alles, was der Kunde zum Anlass nimmt, das Gespräch zu beenden als Argument, im Gespräch zu bleiben!
5. Hole den Kunden emotional dort ab wo er sich befindet!
6. Versetze dich in seine Lage und baue ihm eine gangbare Brücke!

<u>Ablaufbeispiel eines solchen Telefonates:</u>

„Einen schönen guten Tag, Herr Schmidt, schön dass ich Sie antreffe, mein Name ist Hubert Mustermann. Der Name wird Ihnen im Moment nichts sagen, gerade deswegen freue ich mich, dass Sie mir gerade Ihre Aufmerksamkeit widmen" (in einem erfreuten und lockeren Tonfall).

<u>Herr Schmidt</u>: *„Sie sind heute schon der fünfte, der mir am Telefon was verkaufen will – das nervt!"* <u>Hubert Mustermann</u>: „Das kann ich gut nachfühlen – gut dass ich Ihnen nichts verkaufen will. Das wird dann wohl das erste Telefonat, welches Ihnen wahrscheinlich einen Nutzen bringen wird!"
<u>Herr Schmidt</u>: *„Das haben die anderen auch gesagt, dabei wollten sie mir nur was verkaufen und mir meine Zeit stehlen!"*
<u>Hubert Mustermann</u>: „Ich verstehe Ihren Ärger, aber eines möchte ich mit Sicherheit nicht: Ihnen und mir die Zeit stehlen.

Deswegen schlage ich vor, dass wir das Telefonat jetzt abkürzen und wir einen Termin bei Ihnen vereinbaren. Wann können Sie denn nicht? …

2. Telefon-Beispiel:

Einen schönen guten Tag Herr Schmidt, schön dass ich Sie antreffe, mein Name ist Hubert Mustermann. Der Name wird Ihnen im Moment nichts sagen, gerade deswegen freue ich mich, dass Sie mir gerade Ihre Aufmerksamkeit widmen" (in einem erfreuten und lockeren Tonfall).

Herr Schmidt: *„Ich habe jetzt keine Zeit, ich muss meine Kinder vom Sport abholen!"*
Herr Mustermann: *„Herr Schmidt, Sie sagen, dass Sie Ihre Kinder vom Sport abholen müssen. Ich merke schon dass Ihnen die Familie wichtig ist. Das ist gut zu wissen. Da möchte ich Sie jetzt am Telefon nicht länger aufhalten. Deswegen schlage ich vor, dass wir das Telefonat jetzt abkürzen und wir einen Termin bei Ihnen vereinbaren. Wann können Sie denn nicht?"* …

Das Prinzip

Was ist also wichtig bei der Gesprächs-
führung?

1.   Ich lege mit meiner Stimmlage eine
        positive Grundstimmung vor.

2.   Ich hole den Kunden da ab wo er
        steht (z.b. Verärgerung).

3.   Ich bestätige ihn darin.

4.   Ich biete ihm dazu eine Alternative.

5.   Ich nehme jedes Kontra-Argument
        des Kunden als Grund im Gespräch
        zu bleiben.

Es greift das „Treulose Tomate"-Prinzip,
denn auch hier gilt nicht auf die
„Verpackung" (aggressive Reaktion des
Telefonkunden), sondern auf den Inhalt (Wie
kann ich seinen Einwand zu meinem
Verkaufsargument umwandeln?) zu achten.

Das gilt natürlich auch für sämtliche privaten Situationen, die gerne schnell eskalieren, weil wir uns zu sehr auf die „Verpackung" (zum Beispiel Körperhaltung, unnötige Übertreibungen, „alte Kamellen" wieder hoch holen, etc.) konzentrieren, als auf das was die eigentliche Information und/oder mein Ziel in dieser Sache ist.

Wenn`s um`s liebe Geld geht

Wenn wir Freunde anrufen um sie zu einer Party oder Kino einzuladen, wird dieses Gespräch in der Regel sehr locker und mit sicherer Stimme erfolgen.

Das ändert sich brachial, wenn wir irgendetwas außergewöhnliches, oder peinliches besprechen müssen. Die Stimme ist belegt, und auch vorausgehendes „Geplänkel" klingt nicht frei, sondern „aufgesetzt".

Unser Gesprächspartner wird sehr schnell die „Lunte riechen" und fragen, was wir eigentlich von ihm wollten und argwöhnisch werden.

<u>Beispiel:</u>

Du bist in einer kurzfristigen finanziellen Verlegenheit und siehst im Moment keine andere Möglichkeit, als sich von einem deiner Freunde 500,- € zu leihen.

Eigentlich keine „große Sache", da die Freunde alle ganz gut verdienen und du das Geld locker in zwei Monatsraten wieder zurückzahlen könntest.

Dennoch empfinden wir es als sehr unangenehm mit diesem „peinlichen Ansinnen" unsere Freunde zu „belästigen". Wir malen uns im Kopf aus, wie das auf unsere Freunde wirken könnte. Wir sind absolute Weltmeister im „schwarz malen". Das können wir bis ins kleinste Detail.

Wir beschäftigen uns also mal wieder mit der „Verpackung" (wie wirkt das?) und nicht mit dem Inhalt (wen könnte ich wegen meines dringenden Anliegens fragen?).

Beschäftige dich doch einen Moment mal mit dem Gedanken, wie es wäre, wenn dein bester Freund mit dem gleichen Anliegen zu dir käme. Würdest du ihn erbost abblitzen lassen, oder würdest du dich mit seinem Anliegen auseinandersetzen und ihm aus der Patsche helfen wollen? ☺

Es gibt also keinen vernünftigen Grund, warum dein Freund nicht auch dir helfen würde, sofern er dazu in der Lage ist.

Bevor du ihn also darauf ansprichst, solltest du daran denken, wie du reagieren würdest (Gefühl-1). Zudem daran denken, dass du deinen Freund z.B. ins Kino einladen willst (Gefühl-2).

Jetzt hast du die beste emotionale Grundstimmung, ein solches Gespräch zu führen.

Dabei ist es wichtig, sehr schnell zum eigentlichen Thema zu kommen und sich nicht erst lange mit „Smalltalk" aufzuhalten, denn dann sind die Gesprächspartner eher verärgert, dass man ihnen erst was vorgegaukelt hat und die gute Stimmung „ausnützen" wollte.

<u>Also mit dem üblichen freundschaftlichen Tonfall loslegen</u>: *„Du, ich wollte mit dir heute eine für mich wichtige Sache besprechen, wäre das OK?"* <u>Freund:</u> *„Ja klar – um was geht`s denn?"* <u>Du:</u> *Bei mir sind in diesem Monat außergewöhnlich viel zusätzliche Kosten wegen der kaputten Waschmaschine angefallen, und heute musste ich zudem noch das Auto in die Werkstatt bringen, das kostet weitere 490,-- €. Geld, von dem ich nicht weiß, woher ich in diesem Monat nehmen sollte. Siehst Du da eine Möglichkeit mir kurzfristig zu helfen?"*

Jetzt hast du deinen Freund nicht einfach „plump angepumpt", sondern ihn als „Berater" an deiner Seite. Wenn er eine Möglichkeit sieht, dir die 500,- € direkt zu leihen, wird er es jetzt von selbst anbieten.

Wenn nicht, wird er sicherlich mit dir zusammen eine andere Lösung erarbeiten, wie du an das Geld kurzfristig herankommen könntest.

Wichtig ist natürlich auch, dass Du im Vorfeld für dich schon geplant hast, in welcher Form, Ratenzahl und Höhe du das Geld wieder sicher zurückzahlen könntest. Dies erleichtert die Entschlusskraft deines Freundes, das „Risiko" als gering einzuschätzen und dir das Geld auch zu leihen.

Wie`s in den Wald rein ruft

Natürlich ist es nicht nur wichtig, das **„Treulose Tomate"** – **Prinzip** beim reflektieren verbaler Angriffe zu verwenden. Genauso funktioniert es auch, wenn wir die Kommunikation beginnen.

Also schon „präventiv" einsetzen.

Hier gilt ganz klar das alte Sprichwort: „So wie es in den Wald hineinruft, schallt es auch zurück!"

Es geht also darum, mit unserem „Einstieg" in den Dialog die Qualität vorzugeben, damit unser Gegenüber auch in der Form reagiert, wie wir es gerne hätten.

So geht`s jedenfalls nicht

Ein negatives Beispiel, wie es auf keinem Falle laufen sollte, wäre der folgende Dialog:

Wir befinden uns in einem Supermarkt. Frau Tunichtgut stürmt mit finsterer Miene auf die nächsterreichbare Verkäuferin zu und faucht sie an: „Sie da – wo gibt`s Bananen?"

Die angefauchte Verkäuferin wird sich sicherlich massiv angegriffen und respektlos behandelt fühlen. Also keine gute Ausgangsposition für die Kundin, dass sie umfangreich und freundlich bedient und beraten werden wird.

Es ist eher zu erwarten, dass die Verkäuferin sehr wütend und enttäuscht, ja evtl. sogar die Kundin (zumindest in Gedanken) beschimpfen wird.

Schauen wir doch einmal, wie der Dialog erfolgen könnte, damit Frau Tunichtgut eine freundliche und umfangreiche Beratung erhält.

Frau Tunichtgut geht jetzt mit einem freundlichen Lächeln auf die nächsterreichbare Verkäuferin zu und sagt mit lockerer Stimme:

„Einen wunderschönen guten Morgen – Ich suche Bananen - könnten sie mir da weiterhelfen?"

„Sehr gerne – schauen Sie mal bitte hier drüben. Diese Bananen sind zum Beispiel heute im Sonderangebot!", antwortet die Verkäuferin zuvorkommend mit einem Lächeln.

Dienstleistungspersonal als solches ist sehr massiv einem überdurchschnittlichem Stress ausgesetzt. Provozieren wir sie dann zusätzlich mit unserem Auftreten, (Körpersprache, Wortwahl) kann man fast sicher davon ausgehen, dass dann die zu erwartende Dienstleistung entsprechend schlecht ausfallen wird.

Ein weiteres Beispiel, bei dem wir uns häufig völlig daneben benehmen, ist unser Verhalten in einem Restaurant oder Cafe. Hier lassen wir uns oft dazu hinreisen z.B. überheblich zu sein:

Aggressiver Befehlston, wie: „Hey Kellner!" oder „kommt hier mal jemand?", lädt nicht gerade zu zuvorkommender Bedienung ein.

Insbesondere in der Gastronomie wirken Freundlichkeit und Höflichkeit oft Wunder und „öffnen Türen".

Aber nicht nur im Dienstleistungsbereich, sondern in allen Lebenslagen wirken freundliches und offenes Auftreten. In weit über 90% aller Fälle wirst du von deinem Gegenüber ein ebenso positives Feedback erhalten, wenn du die richtigen Signale sendest.

Das Training beginnt

Aller Anfang ist schwer. Und so wird es am Anfang nicht so einfach sein, richtig zu reagieren und agieren.

Zudem sind wir durch vorweggegangen Stress ziemlich dünnhäutig und auch körperlich „verspannt".

Wir beginnen daher mit ein paar einfachen Übungen.

Jeder von uns kennt das:

Die letzten Wochen und Tage war viel los. Wir sind nervös, ausgelaugt und unser Nacken ist total steif.

Körper und Seele sind ein miteinander verbundenes System und wirken wechselseitig.

Wir sagen oft: „Ich bin total angespannt." – gemeint ist nicht nur die Gefühlslage, sondern auch das körperliche Befinden (zum Beispiel Muskelanspannung). Und genau diese Muskelanspannung erfolgt in den meisten Fällen ganz langsam und erst einmal unmerklich am Nacken.

Erst wenn der Nacken sehr verspannt ist, nehmen wir es auch als Verspannung wahr.

Will ich mich besser fühlen, gilt es jetzt also gleich zwei Probleme „auf einen Streich" zu lösen:

- **Stress ablegen und mentale Verspannung auflösen**

- **Körperliche Verspannung auflösen**

Dazu gibt es einfache Übungen, die wir in unserem Alltag einbauen können.

Richtiges Atmen

Eine wunderbare Möglichkeit Stress abzubauen (und Muskelverspannung im Nacken) ist zum Beispiel das Autogene Training. Es geht dabei darum, sich von den äußeren Einflüssen abzuwenden und den Fokus auf die innere Ruhe und Ausgeglichenheit zu lenken.

Die nachfolgende Atem-Übung kann schnell erlernt und fast überall angewendet werden.

- Setze Dich bitte so auf einen Stuhl oder Hocker, dass du zwar gerade, aber nicht steif und angespannt sitzt.

- Die Beine leicht nach außen wenden.

- Die Füße haben vom Zeh bis zur Ferse einen guten Kontakt zum Boden.

- Jetzt die Hände vom Oberschenkel bis zu den Knien gleiten lassen, bis sie die Knie erreichen und mit gutem Kontakt umfassen können.

- Eingeatmet wird mit der Nase

- Ausgeatmet mit dem leicht geöffneten Mund

Vergleichen wir das Atmen mit der Bewegung einer Hänge-Schaukel. Im Ruhezustand hängt sie senkrecht gerade an ihrer Aufhängung. Nun schwingt sie zuerst in die eine Richtung (zum Beispiel rechts hoch, siehe Bild).

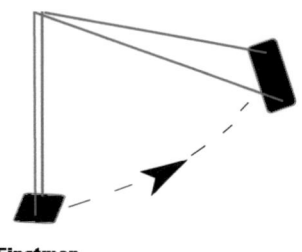

Einatmen

Wenn die Schaukel an ihrem höchsten rechten Punkt angekommen ist, verharrt sie dort einen kleinen Moment bevor sie wieder zum Ausgangspunkt hinunter an diesem vorbeischwingt und links oben den höchsten linken Punkt erreicht.

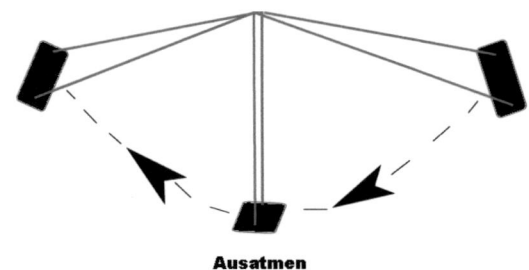

Ausatmen

Dort verharrt sie wieder einen kleinen Moment bevor sie wieder abschwingt um dann den rechten höchsten Punkt erneut zu erreichen.

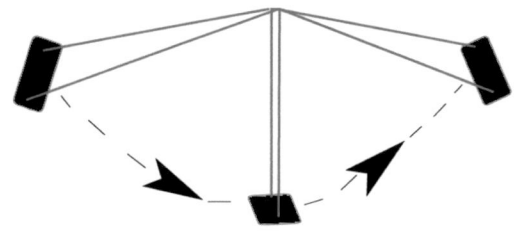

Einatmen

Genauso wie bei dem Beispiel mit der Schaukel verhält es sich auch mit unserem Atmen-Rhythmus. Wir atmen also in der gleichen Verfahrensweise wie die Schaukel ein und aus.

Also mit der Nase tief einatmen und gedanklich sich den Schwung der Schaukel vorstellen, einen kurzen Moment den Atem anhalten (wie der Schwung der Schaukel).

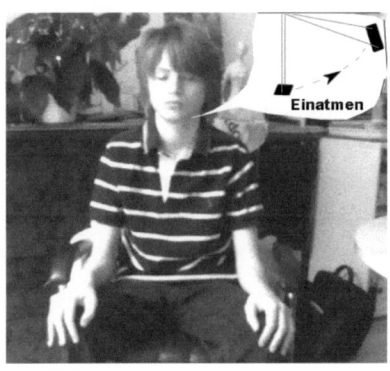

Einatmen

Und nun lange und tief durch den lockeren, minimal geöffneten Mund wieder ausatmen (wie der Schwung der Schaukel):

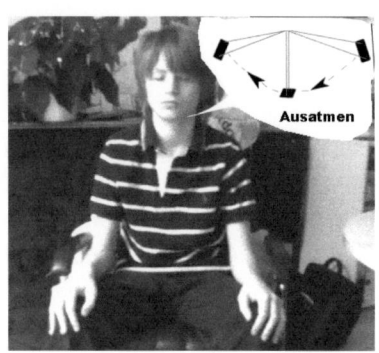

Jetzt sollten wir uns an eine Situation erinnern, bei der wir mal eine total erfrischende energetische Luft eingeatmet haben. Zum Beispiel, dass wir uns längere Zeit in einem stickigen, sauerstoffarmen Raum aufgehalten haben. Draußen hat es einen Gewitterregen gegeben, und wir öffnen nun das Fenster und atmen diese reine, frische Luft ein. An solch eine Situation können sich die meisten sicherlich erlnnern.

Und genau an diese „energetische, kraftvolle Luft" denken wir, wenn wir mit der Nase einatmen. So verspüren wir beim Einatmen, dass eine unglaubliche Kraft durch unseren Kopf strömt.

Jetzt mit der Nase tief und lang einatmen. Der Atem durchströmt gedanklich energetisch durch den Kopf und macht ihn klar und frei.

Der Atem fließt jetzt von der Stirn gedanklich bis zum Hinterkopf und fällt beim Ausatmen (durch den lockeren, leicht geöffneten Mund) wie ein Wasserfall den Nacken hinunter zu den Schultern.

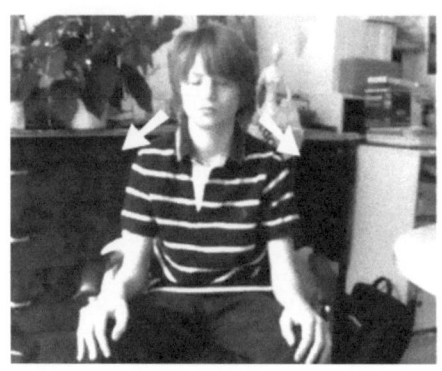

Jetzt wieder wie vorher beschrieben mit der Nase tief einatmen …

… und durch den lockeren, leicht geöffneten Mund wieder ausatmen, und der Atem fließt wie ein Wasserfall den Nacken hinunter, über die Schultern, bis in die Oberarme.

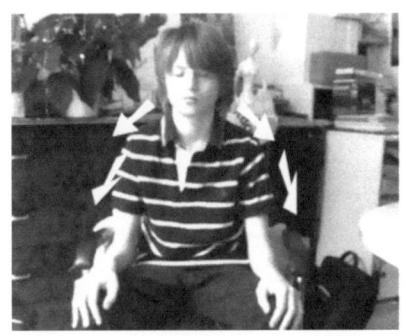

Mit jedem Ausatmen fließt der Atem immer weiter nach unten. Erst vom Nacken über die Schultern, dann in die Oberarme bis hin in die Hände. Diese umfassen, mit leichtem Druck und guten Kontakt von der Handfläche bis zu den Fingerspitzen, die Knie. Und mit jedem Ausatmen fließt der Atem in die Knie und die Hände verbinden sich mit den Knien so, als ob Wachs zusammenfließt.

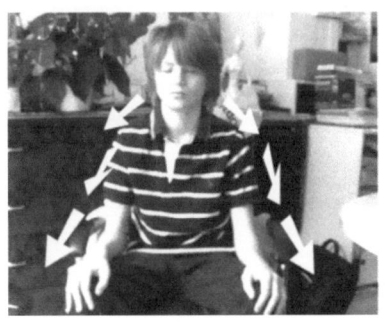

Mit jedem weiteren Ausatmen fließt der Atem über die Hände, in die Knie, in die Waden. Alles was oberhalb der Hüfte ist, fühlt sich immer leichter und lockerer an. Alles was unterhalb der Hüfte ist, wird immer schwerer. Alles Schwere fließt nach unten und füllt sich dort wie ein Fundament das einen stützt.

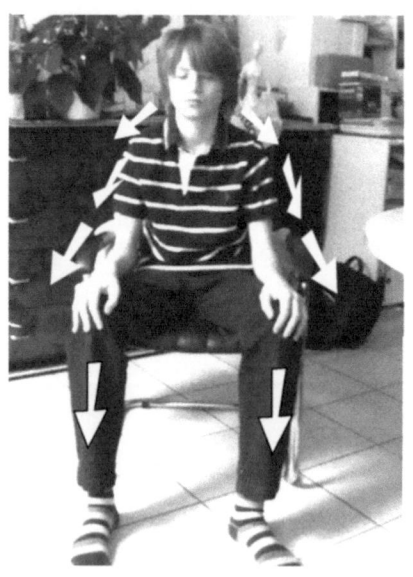

Jeder weitere Atemzug sorgt dafür, dass alles nach unten zu fließen beginnt. Der Oberkörper also immer leichter und wohler wird.

Mit jedem Ausatmen fließt der Atem immer weiter nach unten bis zu den Füßen. Die Füße werden immer schwerer und schwerer. Und der Atem fließt durch die Füße in den Boden. Mit jedem Ausatmen immer intensiver, so dass die Füße jetzt fest mit dem Boden verbunden sind. So fest mit dem Boden verbunden, dass sie sich nicht mehr (oder nur ganz schwer) vom Boden abheben lassen.

Ist alle Last abgeflossen geht es jetzt darum, die Suggestion (Vorstellung) dahingehend zu verändern, das ab sofort bei jedem Ausatmen eine Energie nach unten durch den Körper geschickt wird, die alles, was unten schwer und fest ist sich wieder lockert und auflöst.

Das machen wir solange, bis das „Schweregefühl" sich aufgelöst hat.

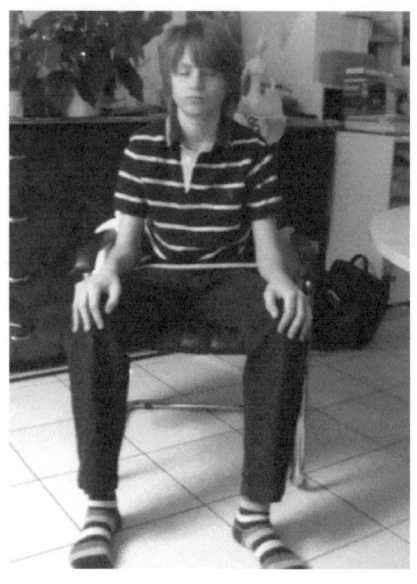

Jetzt wieder die Augen öffnen, Kopf kreisen lassen, Arme schütteln, aufstehen und die Beine schütteln. Alle Glieder und Körperteile sind jetzt wieder locker – wir fühlen uns richtig locker und befreit.

Progressive Muskelentspannung

Viele haben schon festgestellt, dass wenn Ihr viel Stress habt, Ihr einen steifen und manchmal auch schmerzenden Nacken bekommt. Die Psyche reagiert bei Stress sehr stark auf den Körper und setzt sich gerne in den Muskeln fest – daher die Anspannung. Doch nicht nur im Nacken, sondern am ganzen Körper legt sich Stress auf die Muskeln (nicht immer so spürbar). Deswegen sind wir in unserem Bewegungsspektrum eingeschränkt und wir können den Körper nicht 100%-ig einsetzen!

Die nachfolgende Übung sollte daher fest in das Tagesprogramm integriert sein:

Möglichst locker und bequem auf den Stuhl setzen. Die Beine sollten angewinkelt, parallel nebeneinander stehen und sich nicht gegenseitig berühren. Die Füße berühren den Boden. Die Arme einfach auf den Oberschenkel ablegen.

Rücken und Nacken gerade halten, so dass es bequem ist.

Alle Muskeln so locker wie möglich halten.

Wichtig ist dass man sich locker und wohl fühlt.
Alles noch mal überprüfen, ob alles bequem und locker ist und gegebenenfalls korrigieren. **Augen schließen** und auf die **Atmung** achten:

- **einatmen und ausatmen**
- **einatmen und ausatmen ...**

Nun beide **Hände** und **Unterarme**
gleichzeitig anspannen, indem man beide
Hände zu Fäuste ballt:

- Fäuste ballen
- Spannung halten - halten -

und wieder locker lassen -. Ganz
locker und das angenehme Gefühl
genießen, wenn sich die Muskulatur ganz
von selbst entspannt und locker wird.

Achtet auf die Empfindungen in den Unterarmen und Händen, in den Daumen, Zeigefingern, Mittelfingern, Ringfingern und den kleinen Fingern.

-Übung wiederholen-

Jetzt beide **Oberarme** gleichzeitig anspannen Ellbogen anwinkeln, als ob man Muskeln zeigen will:

- anspannen - Spannung halten - halten

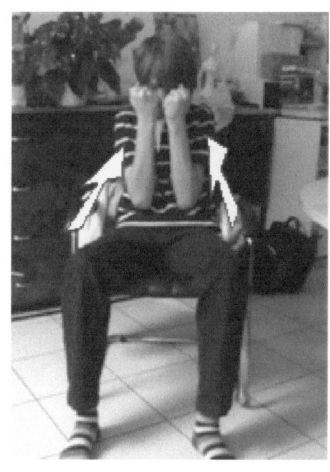

- und wieder locker lassen - ganz locker

Beide Arme wieder auf die Oberschenkel ablegen. Beide Arme sind jetzt ganz locker und entspannt. Man spürt, wie die Oberarme schwerer werden, Unterarme und Hände fest auf den Beinen aufliegen.

-Übung wiederholen-

Nun tief in den **Brustkorb** hinein atmen und dabei die **Schultern** hochziehen - die Spannung halten, und auf die Muskelbereiche im Brust und Schulter- und Rückenbereich achten.

Spannung halten - halten -

- ausatmen und wieder locker lassen

Genießen, wie die Spannung ganz von selbst und deutlich nachlässt –

Beide Arme sind jetzt ganz locker und entspannt.

-Übung wiederholen-

Jetzt geht es mit der Konzentration auf die **Gesichtsmuskulatur**:

Das ganze **Gesicht**, also die **Stirn, Nase, Wangen** sowie die **Augenmuskulatur** gleichzeitig anspannen:

- **Mundwinkel nach oben ziehen**
- **Nase rausziehen**
- **Augenbrauen zusammenziehen**
- **anspannen - Spannung halten**
- **halten**

und wieder locker lassen und spüren, wie sich jetzt alle Muskelbereiche langsam und ganz von selbst entspannen.

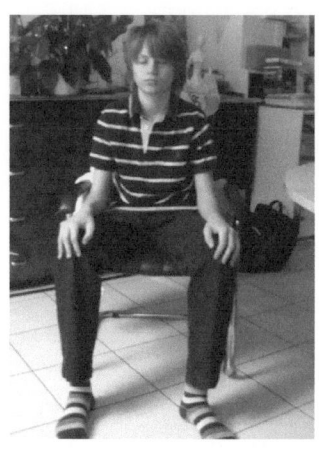

-Übung wiederholen-

Jetzt beide **Beine** ganz gerade nach vorne strecken, die **Fersen** liegen dabei auf dem Boden auf.

Die **Oberschenkel** und **Sitzmuskeln** ganz fest anspannen:

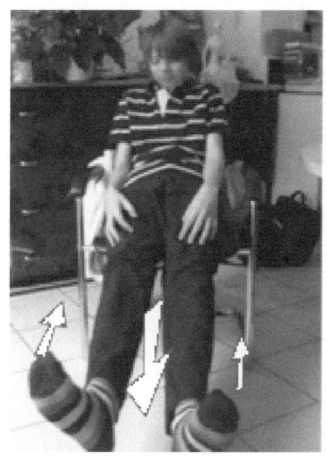

- **Spannung halten**
- **halten**

- und wieder locker lassen

Man spürt, wie die Spannung vom Gesäß an
bis in die Beine hinein deutlich nachlässt.

-Übung wiederholen-

Jetzt versuchen, alle die bisher angesprochenen Muskelbereiche gleichzeitig anzuspannen:

Fäuste ballen (halten und jeweils zusätzlich) **Arme anwinkeln** , **Schultern an die Ohren, Mundwinkel an die Ohren, Augenbrauen zusammen, Nase nach vorne,**

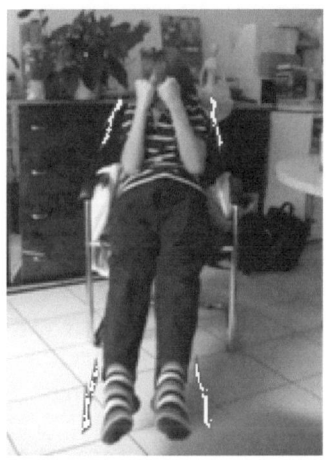

Beine lang strecken**, Zehenspitzen** nach vorne strecken, **Oberschenkel** und **Sitzmuskulatur** anspannen, tief **einatmen, Schultern** nach oben ziehen Fäuste ballen, die Gesichtsmuskulatur anspannen

- **Spannung halten**
- **halten**
- **und wieder locker lassen**

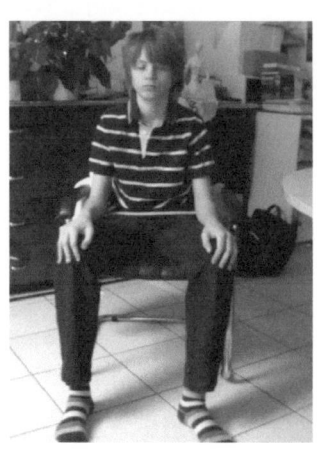

Man spürt, wie die Spannung vom ganzen Körper, vom Kopf bis zu den Fußspitzen deutlich nachlässt. Der gesamte Körper ist total entspannt.

-Übung wiederholen-

Nach dieser Wiederholung der „Kette" die Augen noch geschlossen halten und solange es gut tut, in den entspannten Körper fühlen und den Effekt bewusst genießen.

Die Augen erst wieder öffnen, wenn man auch innerlich bereit dazu ist. Dann aber zügig alle Glieder bewegen und schütteln.

Danach wirst du mit einem ganz besonderen und befreiten Gefühl aufstehen. ☺

Eine Reise ins „ICH"
Vom Beginn bis zum großen Ziel !

Benutze jetzt bitte ganz intensiv deine
Phantasie und Vorstellungskraft

→ *Es ist wichtig für das Experiment!*

Stelle dir bitte vor, dass du vor einem
großen Kino stehst, vor dem hunderte von
Menschen auf Einlass warten, um deinen
Film zu sehen!

Gehe nun in das Kino hinein und nimm Platz!

Bitte stelle dir vor, deine Titelmusik ertönt, dein Name erscheint und der Film beginnt!

Schließe jetzt deine Augen und der Film wird Szene für Szene in deinem Kopf ablaufen!

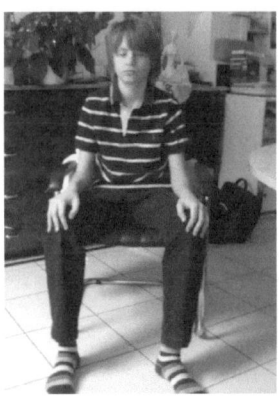

Der Suggestions-Text zu diesem Film muss individuell an die aktuelle Situation, Altersgruppe und Status des Sportlers (aktueller Kader) angepasst werden!

Die Suggestion beinhaltet ebenso die Vergangenheit, Gegenwart als auch die fiktive Zukunft.

Der Film beginnt viele Jahre zuvor. Du bist in etwa 5 Jahre alt und im Kindergarten!

Schaue dich genau um, du kannst alles genau erkennen - wie sieht es dort aus? Was machst du dort gerade und wer ist um dich herum, wer sind deine Freunde?

Hast du schon erste Berührungspunkte mit dem Sport – wenn ja welche?

Du wirst eingeschult – es ist dein erster Schultag?

→ Bist du aufgeregt? Wer ist bei dir?

→ Hast du eine Schultüte bekommen – wenn ja, wie sieht die aus, und was ist drin?

→ Werden Fotos mit allen Erstklässlern gemacht – wenn ja, wer steht neben dir?

→ Hast du erste, oder weitere Berührungspunkte mit dem Sport – wenn ja welche?

Wie alt bist du etwa, als du in einem Verein eingetreten bist? Du hast erste Erfolge im Sport - wie sehen die aus – wo bist du gerade?

Jetzt laufen in der Abfrage die persönlichen, familiären, sportliche Entwicklungen, wie auch Schulbildung/ Beruf / Studium etc. parallel so ab, dass die Formulierung auch bei einer Mannschaft jeden Einzelnen als Suggestion treffend erreicht!

Je höher der „Status"(Entwicklung), je mehr man von der Vergangenheit in die Gegenwart und Zukunft kommt, desto ausführlicher ist die Betonung auf das Gefühl zu dem „Erlebten" wie zum Beispiel:

„Du hast es geschafft, stehst auf dem Podest, bekommst deine Medaille, die Nationalhymne erklingt

→ Du bist unglaublich stolz!

Achte ganz genau auf das, was dieses stolze Gefühl bei dir auslöst! Wie reagiert dein Körper? Zitterst du? Geht's dir durch den ganzen Körper?

Spüre ganz genau was dein Glück gefühlsmäßig und körperlich ausmacht! Wie fühlt es sich an – an was oder wen denkst du dabei?

Jetzt kommen positive und negative „Begleiterscheinungen" wie:

Durch deinen sportlichen Erfolg erhältst du auch lukrative Sponsorenverträge, Prämien, Angebote in vielen Bereichen, dein Name und Person werden immer bekannter, deine finanzielle Situation verbessert sich immens, dein Bekanntheitsgrad hat Vor- und Nachteile, du bist inzwischen ein Promi – dein Leben verändert sich zunehmend.

Hast du eine Partnerschaft, Ehe, Familie? Wenn ja wie viele Kinder?

Wo lebst du, wie sieht dein Haus aus, wie viel Zimmer, hast du einen Pool im Garten, etc.?

Wie hat dir der Film - also dein mögliches Leben- gefallen?

Kannst du dich an den Gedanken gewöhnen, dass dein Leben so verläuft?

Was, glaubst du, müsstest du tun, damit es so verläuft?

Wäre dieses Filmleben ein Ziel das du erreichen willst?

Wenn ja, dann hast du den ersten Schritt getan, aus einem TRAUM eine VISION zu machen!!!

Aus einem TRAUM wird ein Ziel – aus einem ZIEL eine VISION

Was ist der Unterschied zwischen einem TRAUM, ZIEL und einer VISION?

Ich unterscheide Persönlichkeiten in drei Gruppen:

- **Träumer**

- **Verlierer**

- **Gewinner**

Dazu eine kleine Geschichte:

Drei Sportler sitzen in einer Kneipe und träumen davon eines Tages bei der Olympiade dabei zu sein.

Der Gedanke gefällt ihnen so gut, dass sie beschließen und sich gegenseitig nochmal extra bekunden, dies auch in die Tat umsetzen zu wollen.

Ein paar Monate später treffen wir Nr.1 wieder in der Kneipe, und er erzählt gerade wieder davon, dass er eines Tages bei der Olympiade teilnehmen wird. Nr. 2 und 3 sind nicht in der Kneipe, sondern im Training. Zwischenzeitlich haben sie hart trainiert, alles Notwendige getan und zugelassen, was ihnen sportlich weiterhelfen konnte. So haben sie auch schon tolle Trainings- und Wettkampferfolge erzielen können und werden auch mit Material unterstützt.

Als Nr. 2 und Nr. 3 an diesem Tage das Training antreten, erhalten sie von ihrem Verein / Sponsor eine neue Ausrüstung. Allerdings sind die beiden von den neuen Sachen nicht begeistert, und Nr. 2 sagt: „Wie soll ich je mit solch schlechten Material siegen, geschweige zur Olympiade kommen...?" Nr. 3 ist ebenfalls nicht von dem Material angetan, sagt aber: „OK – das Material ist nicht das beste, aber wenn mich schon schlechtes Material aufhält, dann werde ich nie zur Olympiade kommen. Ich bin gut genug, es auch mit diesem Material zu schaffen."

Was, glaubst du, werden die drei Sportler mal als Rentner ihren Enkeln erzählen?

Nun – Nr.1 wird immer noch davon schwärmen, wie toll es gewesen wäre, mal bei einer Olympiade dabei gewesen zu sein. Das ist der **TRÄUMER**.

Nr. 2 wird erzählen, wer oder was ihn alles behindert oder aufgehalten hat, dass er niemals eine Chance hatte bei der Olympiade teilzunehmen. Das ist der **VERLIERER**.

Wir wissen nicht, ob Nr. 3 es bis zur Olympiade geschafft hat, aber er wird seinen Enkeln sicherlich stolz von vielen Erfolgen und Erlebnisse auf dem Weg zur Olympiade erzählen können, und mit etwas Glück auch davon, wie er es zur Olympiade geschafft hat! ☺ Das ist der **GEWINNER**.

Das **"Treulose Tomate"** – Prinzip erleichtert uns die richtige Sichtweise auf die Problem- & Aufgaben-Lösung. Ein Weg, sich vom **TRÄUMER** zum **GEWINNER** zu entwickeln. Es lohnt sich also ernsthaft mit dem **"Treulose Tomate"** – Prinzip auseinander zu setzen, zu trainieren und es erfolgreich einzusetzen.

Ein paar Übungsaufgaben

Auch wenn die beschriebenen Beispiele nachvollziehbar sind, so schwierig ist es natürlich auch, im täglichen Leben, also im „Ernstfall" mit den jeweiligen Situationen souverän umgehen zu können. Daher sollten wir jetzt gemeinsam folgende Übungen machen.

Denke mal über schon vergangene Situationen nach, in denen du selbst schon falsch reagiert und damit ein unerwünschtes Ergebnis erzielt hast. Schreibe also zuerst den Vorgang so auf, wie er sich ereignet hat.

Danach entwickle nach dem "Treulose Tomate" – Prinzip die eigentlich **richtige Vorgehensweise** in die nachfolgenden Zeilen:

ursprüngliche Situation 1 :

....

....

....

....

....

....

....

....

....

....

....

....

....

....

....

....

....

....

....

Vorgehensweise nach dem „Treulose-Tomate"-Prinzip:

....

....

....

....

....

....

....

....

....

....

....

....

....

ursprüngliche Situation 2 :

....

....

....

....

....

....

....

....

....

....

....

....

....

....

....

....

....

....

....

....

Vorgehensweise nach dem „Treulose-Tomate"-Prinzip:

....

....

....

....

....

....

....

....

....

....

....

....

....

....

....

....

....

....

....

....

....

....

....

....

....

....

ursprüngliche Situation 3 :

....

....

....

....

....

....

....

....

....

....

....

....

....

....

....

....

....

....

....

....

Vorgehensweise nach dem „Treulose-Tomate"-Prinzip:

....

....

....

....

....

....

....

....

....

....

....

....

....

....

....

....

....

....

....

....

....

....

....

....

Mentaltraining mit dem Coach

Wer an sich über dieses Buch hinaus intensiv mit sich und seiner Leistungsfähigkeit in Schule, Ausbildung, Beruf und Sport arbeiten möchte, wird an einem persönlichen Coach nicht vorbeikommen.

Bei der Auswahl dieses Coachs ist es wichtig, dass man im Vorfeld für sich ganz genau klärt, was man verändern, verbessern oder verhindern möchte. Viele Mentalcoachs haben im Internet eine Präsenz, auf der man sich über ihre Methoden, Sichtweisen, Arbeitsfelder (Business oder Sport etc.) und Kompetenzen erkundigen kann.

Wichtig ist, dass die Methoden und Arbeitsweisen sympathisch erscheinen. Denn Coaching ist -um erfolgreich zu sein- auch „Emotionssache" – der Bauch entscheidet also mit.

Der Autor hilft gerne bei der Auswahl und Suche eines geeigneten Coachs in deiner unmittelbaren Umgebung und/oder steht selbstverständlich auch selber für verschiedene Aufgabenstellungen zur Verfügung (siehe auch Kontakt zum Autor).

Seminare und Fortbildungen

Wer über das Buch hinaus sich weiterbilden möchte, für den hält der Autor eine Vielzahl von Seminaren und Fortbildungen bereit. Auch wenn in diesem Buch die Übungen und Lösungsvorschläge sehr lebensnah und leicht umsetzbar beschrieben wurden, so hat das natürlich nochmal eine ganz andere Qualität, all diese Übungen und Sichtweisen unter professioneller Anleitung real ein- und umzusetzen.

Nachfolgend ein kleiner Ausschnitt aus dem Seminar- und Fortbildungs-Angebot von Rüdiger Eck:

Seminare/Workshops

TRÄUME – ZIELE – VISIONEN
-Eintägiger Workshop in Heidelberg-

Wie entwickle ich aus Träumen meine Ziele, und aus meinen Zielen klare und greifbare Visionen? Erkenne dich selbst und mache dich auf den Weg.

Mein eigener Motivations-Clip
-Eintägiger Workshop in Heidelberg-

Welche Wirkung auf unser alltägliches Verhalten, zum Beispiel die Werbung hat, ist immens. Ein richtig gut gemachter Werbespot weckt in uns Emotionen und Gelüste, gegen die wir uns nur schwer erwehren können. Der Workshop zeigt, wie wir uns diese Mechanismen zu eigen, ja zu einem Turbolader machen können.

SHT-Mentaltraining -Basic-
-Eintägiger Workshop in Heidelberg-

Was SHT-Mentaltraining alles beinhaltet und möglich macht. Dieser Workshop vermittelt Grundlagen des Mentaltrainings. Geeignet für Trainer und interessierte Sportler.

SHT-Mentaltraining -Vortrag-
-2-stündiger Vortrag im Verein/Verband-

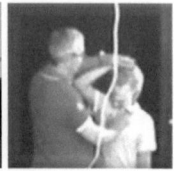

Alles über die vielen Möglichkeiten von Mentaltraining mit praxisnahen Beispielen aus dem Leistungssport. Geeignet für Vereine und Verbände. Vortrag findet z.B. im Vereins-/Verbandsgelände statt. Jeder Verein kann sich dafür anmelden

Freie Rede
-Eintägiger Workshop in Heidelberg-

Ob beruflich, im Sport oder zu familiären Anlässen: Vor vielen Menschen eine freie Rede zu führen, treibt vielen den Angstschweiß auf die Stirn, oder die Stimme versagt. Der Workshop vermittelt Übungen und Techniken, die einen souveränen Auftritt möglich machen.

Fortbildungen

Sport-Hypnose
-Eintägige Fortbildung in Heidelberg-

In unserem Sporthypnose-Basic-Seminar vermitteln wir theoretische Kenntnisse und praktische Übungen der Sporthypnose, so dass jeder Teilnehmer am Ende des Seminars die verschiedenen Techniken der Sporthypnose weitgehend anwenden kann. Die während des Seminars und auch in den Unterlagen genannten Beispiele beziehen sich in der Regel auf praxisnahe Grundlagen, wie sie in der täglichen Arbeit mit Sportlern vorkommen.

SHT-Mentaltrainer/in
-10 Einheiten Fortbildung in Heidelberg-

Fortbildung zum zertifizierten *SHT*-Mentaltrainer. Das *SHT*-Mentaltraining gehört zu den erfolgreichen, ganzheitlich arbeitenden Konzepten und kommt sowohl in der Kreisliga, bis hin zu Bundesliga, Nationalkader und Olympiasieger (u.a. errangen Athleten in Vancouver 2009 zwei Medaillen) erfolgreich zur Anwendung.

Weitere Publikationen des Autors

Sport-Hypnose

Praxishandbuch für die
professionelle Anwendung

Autor: R. F.-J. K. Eck
03/2011

ISBN: 9783842340763

Tennis - schnell und einfach lernen

Ein Handbuch für Einsteiger

Autoren: Boris Kärcher,
R. F.-J. K. Eck
01/2011

ISBN: 9783842342941

Tennis ist Kopfsache

Koordination und Mentale Stärke

Autor: R. F.-J. K. Eck

04/2011

ISBN: 9783839189351

Energetische Arbeit im Sport

Prävention, Reha, Akuter Einsatz

Autor: R. F.-J. K. Eck

05/2011

ISBN: 9783842339071

SHT-Mentaltraining
Das ganzheitliche Sportmentaltraining
Autor: R. F.-J. K. Eck
2011

Fußball - Mental

Wenn Kopf und Ball eine Einheit bilden –
Team ist Kopfsache
Autor: R. F.-J. K. Eck
voraussichtlich : 2011

Mentale Stärke im Business

Wie Erfahrungen aus dem Leistungssport
dem Business nützen
Autor: R. F.-J. K. Eck
voraussichtlich : 2011

Weitere Buchempfehlungen

Hotline zum Glück – Anleitung zu einem
erfüllten Leben
Autor: Jill A. Möbius   Verlag: Moderne
Verlagsgesellschaft -2008-

Glücklich sein –
Warum Sie es in der Hand haben
glücklich zu werden
Autor: Sonja Lyubormirsky, Jürgen
Neubauer Verlag: Campus Verlag -2008-

Der Glücksfaktor –
Warum Optimisten länger leben
Autor: Martin E.P. Seligmann Verlag:
Bastei Lübbe GmbH & Co.KG -2010-

Glücklicher –
Anleitung zu einem erfüllten Leben
Autor: Tal Ben Shahar   Verlag: Riemann
-2007-

Glück kommt selten allein …
Autor: Eckart von Hirschhausen Verlag:
Rowohlt -2009-

Enjoy Your Life –
Anleitung zu einem erfüllten Leben
Autor: Martha Beck Verlag: Piper -2009-

Du packst es! –
Wie du schaffst was du willst
Autor: Oliver Kahn Verlag: Pendo Verlag
in der Piper Verlag GmbH -2010-

Mehr Disziplin bitte! –
So setzen Sie endlich um was Sie …
Autor: Gitte Härter Verlag: GRÄFE u.
UNZER Verlag GmbH -2009-

Tu`s doch! –
365 Tipps, die mehr Schwung in`s Leben
bringen
Autor: Esther Szolnoki, Nina Pohlmann
Verlag: GRÄFE u. UNZER Verlag GmbH -
2007-

Wie Deine Wünsche wahr werden
Autor: Dr. Katja Kaiser   Verlag: GRÄFE u.
UNZER Verlag GmbH -2008-

77 Wege zum Glück
Autor: Wolff Horbach   Verlag: GRÄFE u.
UNZER Verlag GmbH -2008-

Mein Glückstrainingsbuch –
Aktiv auf dem Weg zum Glück
Autor: Heide-Marie Smolka   Verlag:
Springer, Wien   -2009-

Die zehn Geheimnisse des Glücks
Autor: Adam Jackson   Verlag: Nikol
Verlags-GmbH -2008-

Gefühle verstehen, Probleme bewältigen
– Ein praktischer…
Autor: Doris Wolf, Rolf Merkle   Verlag: Pal
-2003-

Ab heute kränkt mich niemand mehr:
101 Powerstrategien …
Autor: Doris Wolf Verlag: Pal -2003-

Verschreibungen zum Glücklichsein
Autor: Doris Wolf, Rolf Merkle Verlag: Pal
-2001-

Mich kränkt so schnell keiner –
Wir lernen nicht alles pers. …
Autor: Bärbel Wardetzki Verlag:
Deutscher Taschenbuch Verlag -2005-

Kontakt:

***SHT*-Mentaltraining**
Psychologische Beratungspraxis Heidelberg
Rüdiger F.-J. K. Eck
Am Gutleuthofhang 24 a
D – 69118 Heidelberg
Tel. 06221 – 389349-0

sht-mentaltraining@psychologische-beratungspraxis-heidelberg.de

www.sht-mentaltraining.de

Mitglied im/bei:

Das
„TREULOSE TOMATE"
- Prinzip

Jetzt bestimme ich mein Leben selbst!

ISBN: 9783842340763